Stephanie Feghelm

Window-Color
Blumen, Blüten, Ranken

ENGLISCH VERLAG

Die Deutsche Bibliothek – CIP-Einheitsaufnahme
Window-Color – Blumen, Blüten, Ranken / Stephanie Feghelm. – Wiesbaden: Englisch, 1999
ISBN 3-8241-0942-5

© by Englisch Verlag GmbH, Wiesbaden 1999
ISBN 3-8241-0942-5
Alle Rechte vorbehalten. Nachdruck, auch auszugsweise, verboten.
Fotos: Frank Schuppelius
Herstellung: Michael Feuerer
Printed in Spain

Inhaltsverzeichnis

4

Vorwort

Window-Color – Farbspiele ohne Grenzen! Zaubern Sie sich eine bunte Blumenwelt an Ihre Fenster. Licht und Sonnenstrahlen lassen Blumen, Blüten und Ranken in den schönsten Farben erscheinen. Dabei spielt die Größe Ihrer Fenster keine Rolle. Alle Motive lassen sich immer wieder neu anlegen. Aber auch Spiegel und Glasgegenstände können Sie mit Window-Color verschönern.

Window-Color ist Faszination und Brillanz. Ich hoffe, dass Sie beim Nacharbeiten dieser Motive genauso viel Freude haben, wie ich es beim Entstehen dieses Buches hatte.

Stephanie Feghelm

Material

Beim Malen mit Window-Color steht die Folie an erster Stelle. Was nützt das schönste Motiv, wenn es sich hinterher nicht gut ablösen lässt oder gar zerreißt. Geeignet sind alle Polyethylen-Folien (PE) und Polypropylen-Folien (PP). Völlig ungeeignet sind Folien mit einem PVC-Anteil, denn von diesen lassen sich die Motive nicht unbeschadet abziehen. Auch Plexiglas ist nicht geeignet. PVC-Folien setzt man allerdings dann ein, wenn das Motiv auf der Folie bleiben soll, z. B. bei Windmühlen und Mobiles.

Wenn Sie eine strukturierte Folie verwenden, ist Ihr Motiv nach dem Trocknen ebenfalls strukturiert. In manchen Fällen ist dies ganz reizvoll, die Transparenz wird dadurch jedoch gebrochen.

Für große Motive, wie in diesem Buch, eignen sich am besten Geschenk-Transparentfolie ohne PVC sowie Adhäsions-Folie für filigrane Arbeiten. Bei Adhäsions-Folie wird die Bemalung nicht abgezogen, sondern mit der hauchdünnen selbsthaftenden Folie direkt ans Fenster gebracht.

Weiterhin brauchen Sie

- eine feste Unterlage, damit Ihr Motiv nicht verrutscht (z. B. Pappe)
- Window-Color Konturenfarbe
- Window-Color Malfarbe
- Zahnstocher
- Wattestäbchen
- Nadel (zum Zerstechen der Luftblasen)
- Mini-Glaskügelchen
- Flitter
- Feindüsen
- evtl. Cutter und Schere und einen Air-Liner, mit dem die Farben und Konturen gleichmäßig und mühelos fließen

Allgemeine Grundanleitung

1. Kleben Sie Ihr Motiv auf eine feste Unterlage, damit es nicht verrutschen kann. Spannen Sie die Folie darüber.

2. Ziehen Sie die Konturen mit der Konturenfarbe direkt aus der Flasche nach. Bei sehr feinen Konturen empfiehlt es sich, eine Feindüse aufzuschrauben oder den Air-Liner zu verwenden. Halten Sie beim Auftragen der Kontur die Flasche senkrecht nach unten, und malen Sie unter gleichmäßigem Druck. Vermeiden Sie hierbei ruckartige Bewegungen, da der Kon-turenstrang sonst leicht reißt. Kleine Patzer lassen sich mit einem Wattestäbchen korrigieren. Lassen Sie nun die Konturenfarbe gemäß Herstellerangabe trocknen.

3. Malen Sie anschließend die Flächen aus. Tragen Sie dafür die Farbe sehr dick auf, damit vermeiden Sie ein späteres Reißen des Abziehbildes. Malen Sie auf jeden Fall bis an die Kontur, und schieben Sie die Farbe mit einem Zahnstocher in die Ecken. Oft sieht man erst nach dem

Trocknen, dass zwischen der Kontur und der Farbe noch ein Hohlraum ist. Vermutlich haben Sie dann unbewusst mit dem Zahnstocher die Farbe wieder von der Kontur weggezogen. Das Bild beginnt zu leben, wenn es Farbverläufe durch zusätzliche Farben erhält. Noch sind die Farben milchig. Erst nach dem Trocknen erhalten sie ihre ganze Brillanz.

4. Wenn Sie Glaskügelchen oder Flitter mitverwenden, so werden

diese in die noch nasse Farbe eingestreut.

5. Bei filigranen Motiven wird der Hintergrund mit transparenter Farbe ausgemalt. Dadurch erhält das Bild mehr Stabilität. Bei der Verwendung von Adhäsions-Folie verzichtet man darauf. Hier wird das Bild nur noch ausgeschnitten.

6. Nach dem Trocknen werden die Blattadern mit dem Air-Liner oder einer Feindüse aufgemalt. Nehmen Sie dazu Konturenfarbe.

Tipps für ein gutes Gelingen

Malen Sie die Farbe immer bis an die Kontur heran. Sollten Sie dabei auf die Kontur kommen, ist dieses später am Fenster nicht mehr zu sehen.

Beim Ausmalen der Flächen sollten Sie die Malspitze immer in Strichrichtung führen (s. Zeichnung). Um die Blüten und Blätter leben zu lassen, bringen Sie Farbverläufe ein. Malen Sie zunächst die Fläche einfarbig aus. Setzen Sie

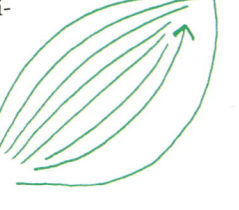

bei der Blüte am Blütenansatz einen oder mehrere Punkte mit einer Kontrastfarbe. Nehmen Sie nun einen Zahnstocher, und ziehen Sie diese Farbpunkte schwungvoll.

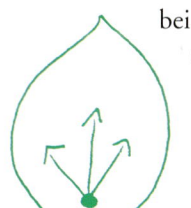

Bei den Blättern gehen Sie folgendermaßen vor: Malen Sie zunächst das Blatt in einem Grünton aus. Ziehen Sie die Blattadern nun

mit einer helleren oder dunkleren Farbe nach. Mit einem Zahnstocher verstricheln Sie nun die angedeuteten Blattadern (s. Zeichnung).

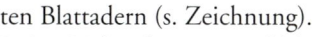

Beim Malen können Luftblasen entstehen. Zerstechen Sie diese sofort mit einer Nadel. Ist die Farbe erst einmal angetrocknet, sieht man später die Einstiche.

Halten Sie bitte unbedingt die Trocknungszeiten der Hersteller ein.

Bevor Sie ein Fensterbild aus Window-Color anbringen, vergewissern Sie sich, dass kein Rest von Glasreiniger auf der Scheibe ist. Reinigen Sie das Glas vorher immer mit Essigwasser, da Tenside aus den Reinigungsmitteln die Farben auflösen können. Ist dies der Fall, verlaufen die Farben nach einiger Zeit.

Möchten Sie ein Motiv vergrößern oder verkleinern, so ist dieses mit einem Fotokopierer kein Problem.

Wenn Sie Schwierigkeiten haben, die ganz feinen Konturen auf den Blüten mit der Konturenfarbe zu ziehen, so können Sie auch einen lichtechten Folienstift verwenden. Die Konturen in diesem Buch wurden alle mit dem Air-Liner gemalt. Es kann schon einmal vorkommen, dass man mit seiner Arbeit nicht ganz zufrieden ist. Leider stellt sich so etwas immer erst nach der Fertigstellung heraus. Hier ein paar Hinweise, woran es liegen könnte!

Warum zerbricht das Bild beim Abziehen von der Fensterscheibe?
- Die Witterungsverhältnisse sind zu kalt. Die Fensterbilder werden durch die trockene Heizungsluft immer härter und dadurch bruchgefährdet.
- Erwärmen Sie die Fensterscheibe vorher kurz mit einem Fön.
- Die Fensterbilder sind von der Sonne oder Heizungsluft ausgetrocknet und haben ihre Elastizität verloren.
- Besprühen Sie die Bilder mit warmem Wasser und lassen es 30 Minuten einwirken. Eventuell sollten Sie den Vorgang noch einmal wiederholen.

Warum zieht sich das Bild beim Ablösen von der Fensterscheibe in die Länge?
- Die Witterungsverhältnisse sind zu warm.
- Wechseln Sie die Bilder lieber morgens aus.

Warum löst sich das Bild nicht von der Folie?
- Sie haben die Trocknungszeit nicht eingehalten.
- Warten Sie noch einige Stunden.

Warum ist auf der Rückseite des Bildes ein ganz feines störendes Rastermuster?
- Die Folie hat eine offenporige Oberfläche.
- Benutzen Sie beim nächsten Mal eine ganz glatte Folie.

Warum zerreißt das Bild beim Abziehen von der Folie an einigen Stellen?
- Sie haben die Farbe nicht bis an die Kontur gemalt.
- Versuchen Sie, die Zwischenräume auszubessern.
- Sie haben die Farbe teilweise zu dünn aufgetragen.
- Wiederholen Sie die Farbaufträge.

Blumen im Frühjahr

1. Tulpen

Material

❀ Konturenfarbe in Schwarz
❀ Window-Color in Weiß,
  Rosa, Grün, Braun
❀ Folie

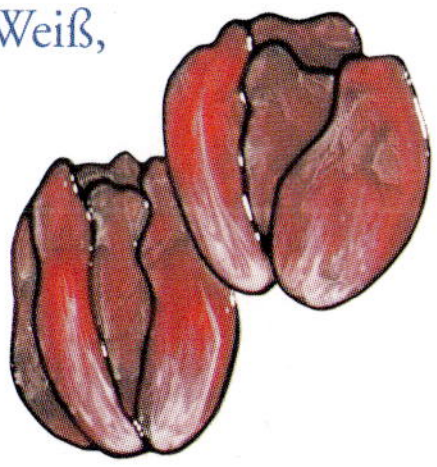

Anleitung

Die Tulpen sehen in der Vielzahl am schönsten aus. Malen Sie zunächst die Umrisse mit schwarzer Konturenfarbe. Malen Sie dann die Tulpenköpfe rosa aus.

Ziehen Sie am Blütenansatz mit Weiß eine Linie, und verstreichen Sie diese zu den Blütenspitzen. Tragen Sie anschließend die Farben für die Blätter und die Bodenfläche auf.

2. Ecke mit Stiefmütterchen

Material

- Konturenfarbe in Schwarz
- Window-Color in Weiß, Gelb, Flieder, Bordeaux, Grün und Gold
- Adhäsionsfolie (selbstverständlich können Sie auch Geschenkfolie nehmen und die Zwischenräume mit Kristallklar ausmalen)

Anleitung

Nun kann der Frühling Einzug halten. Bei diesem Motiv können Sie so richtig mit den Farben spielen. Zeichnen Sie die Konturen mit schwarzer Konturenfarbe vor. Malen Sie die Blüte erst in der Hauptfarbe aus. Setzen Sie nun mit einer weiteren Farbe Akzente. Verstreichen Sie diese mit einem Zahnstocher. Wenn Sie die Farbe Weiß einarbeiten, so ist es ratsam, diese erst aufzutragen und anschließend mit der Hauptfarbe zu verbinden. So bleibt an den Rändern ein klares Weiß stehen. Nach dem Trocknen malen Sie mit schwarzer Kontur die „Augen" und Blattadern ein. Zum Schluss wird die Blütenmitte noch mit goldener Farbe ausgemalt. Anhand des Vorlagebogens können Sie ein einzelnes Stiefmütterchenmotiv zur Ranke stellen.

3. Osterglocken

Material
- ❀ Konturenfarbe in Schwarz
- ❀ Window-Color in Gelb, Orange, Grün, Braun
- ❀ Folie

Anleitung

Fertigen Sie so viele Osterglocken-Tuffs an, wie in Ihr Fenster passen, und befestigen Sie diese direkt am unteren Rahmen.

Malen Sie die Konturen in Schwarz auf. Mischen Sie bei den Blütenkelchen direkt auf der Folie etwas Gelb in das Orange.

Setzen Sie mit Orange an den Blütenkranz 2–3 Punkte, und verziehen Sie diese zu den Blütenspitzen.

Nach dem Trocknen werden die feinen Konturen auf die Blüten gezogen. Malen Sie die Bodenfläche und die Blätter mit den entsprechenden Farben aus.

4. Ecke mit Efeu

Material

- ❀ Konturenfarbe in Schwarz
- ❀ Window-Color in Grün, Bernstein und Kristallklar
- ❀ Folie

Anleitung

Die Efeu-Ecke ist ein dezenter Blickfang für Ihre Fenster. Zeichnen Sie die Konturen vor.

Malen Sie die Blätter mit Grün aus. Ziehen Sie mit Bernstein eine Mittellinie in die noch nasse grüne Farbe, und verstreichen Sie diese zu den Rändern hin (s. „Tipps für ein gutes Gelingen", S. 7).

Zum Schluss werden die Zwischenräume mit Kristallklar ausgemalt und die feinen Blattadern mit schwarzer Kontur gezogen.

Sommerblumen

5. Bogen in Bordeaux

Material

- Konturenfarbe in Schwarz
- Window-Color in Gelb, Bordeaux und Grün
- Adhäsionsfolie (selbstverständlich können Sie auch Geschenk- folie nehmen und die Zwischen- räume mit Kristallklar ausmalen)

Anleitung

Dieser Bogen ist ideal auf ein schmales Fens- ter zugeschnitten. Aber auch in einem qua- dratischen kommt er gut zur Geltung. Die Konturen werden mit schwarzer Konturen- farbe gezogen. Malen Sie die Blüten und Blät- ter in den entsprechenden Farben aus. Zie- hen Sie nach dem Trocknen ganz feine Blatt- und Blütenlinien. Schneiden Sie das Motiv aus. Wenn Sie Geschenkfolie verwendet ha- ben, füllen Sie den Hintergrund mit Kristall- klar aus, um eine Stabilität herzustellen.

6. Blumenkübel in Blauweiß

Material

- Konturenfarbe in Schwarz
- Window-Color in Weiß, Gelb, Hellblau, Dunkelblau, Grün und Dunkelgrün
- Folie

Anleitung

Diese frischen Blumen bringen Sommer und Sonne an Ihre Fenster. Legen Sie die Vorlage unter die Folie und zeichnen Sie die Konturen nach.

Die geraden Linien vom Kübel kann man gut mit Hilfe eines Lineals übertragen. Ziehen Sie dazu die Malspitze zügig am Lineal entlang. Die Malspitze muss dabei den Grund berühren. Malen Sie die Flächen entsprechend der Vorlage aus. Die Efeublätter werden teilweise direkt mit den beiden Grüntönen auf der Folie vermischt.

Nach dem Trocknen ziehen Sie mit der schwarzen Kontur die feinen Linien auf den Blättern und den Margeriten.

7. Ranke in Violett

Material
❀ Konturenfarbe in Schwarz
❀ Window-Color in Gelb, Violett, Bernstein und Kristallklar
❀ Folie

Anleitung

Nachdem Sie die Konturen vorgezeichnet haben, malen Sie die Blüten in Violett aus. Setzen Sie an jeden Blütenansatz einen gelben Punkt in die noch nasse Farbe, und verziehen Sie diesen mit einem Zahnstocher zur Spitze. Malen Sie die Blütenmitte mit Gelb aus und die Blätter mit Grün. Ziehen Sie in die noch nasse grüne Farbe eine Mittellinie mit Bernstein, und verstreichen Sie diese zu den Rändern (s. „Tipps für ein gutes Gelingen", S. 7). Den Hintergrund malen Sie mit Kristallklar aus. Die einzelnen Blüten der Sommerblumen sind eine schöne Ergänzung zur Ranke. Anstatt den Hintergrund mit Kristallklar auszumalen, haben wir dieses Blumenarrangement auf Adhäsionsfolie gemalt und ausgeschnitten. Selbstverständlich können Sie auch Geschenkfolie nehmen und die Zwischenräume mit Kristallklar ausmalen.

8. Rosenbogen

Material

- Konturenfarbe in Schwarz
- Window-Color in Gelb, Orange und Grün
- Adhäsionsfolie (selbstverständlich können Sie auch Geschenkfolie nehmen und die Zwischenräume mit Kristallklar ausmalen)

Anleitung

Rosen eignen sich für die Fensterdekoration fast das ganze Jahr. Nehmen Sie doch einfach im Frühjahr weiße, im Sommer gelbe und zum Herbst bordeauxfarbene Rosen. Sie werden sehen wie unterschiedlich die Farbwirkung ist. Wenn Sie diesen Bogen verlängern

möchten, beginnen Sie immer hinter der ersten Rose. Verzichten Sie beim Ansetzen auf die beiden rechten Blätter an der letzten Rose. Malen Sie die Konturen auf, und füllen Sie die Rosen mit Gelb aus. Tröpfeln Sie in die noch nasse Farbe bei einigen Blütenblättern ein wenig Orange. Verziehen Sie beide Farben miteinander. Verfahren Sie bei den Blättern genauso, indem Sie mit Gelb in die grüne Farbe „Blattadern" ziehen (s. „Tipps für ein gutes Gelingen", S. 7). Schneiden Sie das Motiv nach dem Trocknen aus.

9. Rosenranke

Material

- Konturenfarbe in Schwarz
- Window-Color in Weiß, Rosa, Grün, Bernstein und Kristallklar
- Folie

Anleitung

Malen Sie die Konturen gemäß dem Vorlage-bogen, und tragen Sie für die Knospen rosa Farbe auf.

Tröpfeln Sie bei einigen Blütenblättern in die

noch nasse Farbe ein wenig Weiß hinein. Verziehen Sie beide Farben miteinander. Bei den
Blättern verfahren Sie genauso.

Ziehen Sie in die grüne Farbe eine Mittellinie
mit Bernstein, und verstreichen Sie diese zu
den Rändern.

Malen Sie den Hintergrund mit Kristallklar
aus.

10. Sonnenblumen

Material

- Konturenfarbe in Schwarz
- Window-Color in Gelb, Grün, Bernstein, Cognac, Mittelbraun, Braun
- Glaskügelchen in Kristallklar, 1 und 2 mm
- Adhäsionsfolie (selbstverständlich können Sie auch Geschenkfolie nehmen und die Zwischenräume mit Kristallklar ausmalen)

Anleitung

Wer liebt sie nicht, die Blumen mit der sonnigen Ausstrahlung. Malen Sie die Konturen und Flächen laut Vorlage aus. Bei den Blättern ziehen Sie mit Bernstein eine Mittellinie in die noch nasse grüne Farbe. Verstreichen Sie diese zu den Rändern (s. „Tipps für ein gutes Gelingen", S. 7). Streuen Sie in die nasse braune Farbe der Sonnenblumen die Glaskügelchen. Der Topf wird mit der Farbe Cognac ausgemalt. Nach dem Trocknen können Sie die Blütenlinien mit einem lichtechten Folienstift oder mit schwarzer Kontur malen.

Tipp: Besonders hübsch sieht es auch aus, wenn Sie mehrere Töpfe anfertigen. Befestigen Sie diese direkt am unteren Rahmen Ihres Fensters. Sie können Ihr Blumenfenster auch durch einzelne Blüten erweitern (s. Abbildung).

11. Ranke aus Sonnenblumen

Material

❀ Konturenfarbe in Schwarz
❀ Window-Color in Gelb, Grün, Bernstein, Mittelbraun und Kristallklar
❀ Folie

Anleitung

Sonnig strahlend lässt diese Ranke Ihre Fenster aufleuchten. Tragen Sie die Konturenfarbe auf, und malen Sie die Flächen in den entsprechenden Farben aus.

Ziehen Sie in die noch nasse Farbe der Blätter eine Mittellinie mit Bernstein. Verstreichen Sie diese mit einem Zahnstocher zu den Rändern hin (s. „Tipps für ein gutes Gelingen", S. 7).

Die Linien auf den Blüten können Sie mit einem lichtechten Folienstift oder mit schwarzer Kontur malen. Füllen Sie den Hintergrund mit Kristallklar aus.

12. Ecke mit Efeu in Bordeaux

Material
- Konturenfarbe in Schwarz
- Window-Color in Gelb, Bordeaux, Grün, Bernstein und Kristallklar
- Folie

Anleitung
Wenn draußen noch nicht so viel blüht, lassen diese Blumen schon den Sommer erahnen. Tragen Sie für die Umrisse schwarze Konturenfarbe auf.

Malen Sie die Blüten in Bordeaux. Setzen Sie in die noch nasse Farbe am Blütenansatz einen gelben Punkt, und verziehen Sie diesen mit einem Zahnstocher (s. „Tipps für ein gutes Gelingen", S. 7). Auch beim Efeu wird die Mittellinie mit Bernstein in das noch nasse Grün gemalt und zu den Rändern hin verzogen. Malen Sie den Hintergrund mit Kristallklar aus, und ziehen Sie auf den Blättern der Sommerblumen eine Mittellinie mit schwarzer Kontur.

Blumen für das Sprossenfenster

13. Bunte Streublumen

Material

- ❀ Konturenfarbe in Schwarz
- ❀ Window-Color in Gelb und Orange (Gelbe Blume)
- ❀ Window-Color in Gelb, Hellblau und Ultramarinblau (Blaue Blume)
- ❀ Window-Color in Gelb, Lavendel und Bordeaux (Lila Blume)
- ❀ Folie

Anleitung
Gelbe Blume

Auf großen wie auf kleinen Fenstern sehen Streublumen zauberhaft aus. Zeichnen Sie die Konturen in Schwarz, und malen Sie die Blätter mit Gelb aus. Setzen Sie an den Blütenansatz je zwei Tropfen Orange und verziehen Sie diese zur Spitze (s. „Tipps für ein gutes Gelingen", S. 7). Das Blüteninnere wird mit Orange ausgemalt. Nach dem Trocknen werden die feinen Konturen auf den Blüten mit einem lichtechten Folienstift oder mit schwarzer Kontur aufgemalt.

Blaue Blume
Hier wird Ultramarinblau im Hellblau verzogen.

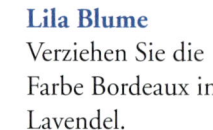

Lila Blume
Verziehen Sie die Farbe Bordeaux im Lavendel.

Grünes im Herbst

14. Weintraubenecke

Material

- Konturenfarbe in Schwarz
- Window-Color in Bordeaux, Preußischblau, Grün, Braun
- Adhäsionsfolie (selbstverständlich können Sie auch Geschenkfolie nehmen und die Zwischenräume mit Kristallklar ausmalen)

Anleitung

Weintrauben sind eine hübsche Fensterdekoration für den Spätsommer. Ziehen Sie als erstes die geraden Rahmenlinien einer Seite mit dem Lineal (s. „Tipps für ein gutes Gelingen", S. 7). Sparen Sie dabei die Überschneidungen mit den Weinblättern aus. Lassen Sie die Konturen antrocknen, um sie nicht zu verwischen.

Nun können Sie die Rahmenlinien der zweiten Seite ziehen. Anschließend malen Sie die Konturen der Trauben und Blätter. Füllen Sie die Flächen in den entsprechenden Farben aus. Nach dem Trocknen ziehen Sie mit schwarzer Kontur die Blattadern. Schneiden Sie nun das Motiv aus.

15. Weintraubenkranz mit Rosen

Material
- ❀ Konturenfarbe in Schwarz
- ❀ Window-Color in Weiß, Gelb, Orange, Blau, Grün, Dunkelgrün, Bernstein und Kristallklar
- ❀ Folie

Anleitung

Dieser Kranz ist ein wunderschöner Blickfang am Fenster. Zeichnen Sie die Konturen vor, und malen Sie die Weinblätter mit Grün aus. Ziehen Sie mit Bernstein auf die noch nasse Farbe Blattadern, und verstreichen Sie diese zu den Rändern (s. „Tipps für ein gutes Gelingen", S. 7). Malen Sie nun die Rosenblüten aus. Vermischen Sie einige Rosenblätter mit Orange. Die Blätter der Rosen werden mit Grün und Dunkelgrün direkt auf der Folie verzogen. Nach dem Trocknen werden die Zwischenräume mit Kristallklar ausgemalt. Zu diesem Kranz lassen sich sehr schön einzelne Rosenblüten kombinieren.

16. Herbstlaub

Material

- Konturenfarbe in Schwarz
- Window-Color in Bordeaux, Grün, Bernstein, Hellbraun und Braun
- Folie

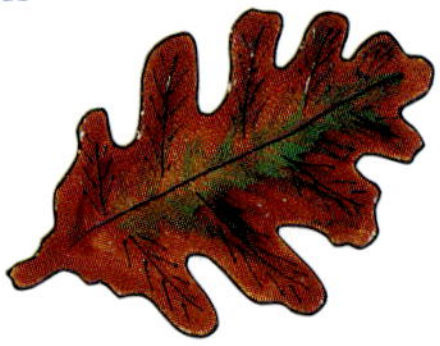

Anleitung

Diese Blätter heißen den Herbst in den schönsten Farben willkommen. Bei diesen Motiven können Sie Ihrer Kreativität freien Lauf lassen. Zeichnen Sie zunächst die Konturen. Tragen Sie einfach mehrere Farben auf, und verstreichen Sie diese miteinander. Nach dem Trocknen ziehen Sie mit schwarzer Kontur die Blattadern.

Blühendes zu Weihnachten

17. Christrosen

Material

- ❁ Konturenfarbe in Gold
- ❁ Window-Color in Weiß, Gelb, Grün und Dunkelgrün
- ❁ Flitter in Gold
- ❁ Adhäsionsfolie (selbstverständlich können Sie auch Geschenkfolie nehmen und die Zwischenräume mit Kristallklar ausmalen)

Anleitung

Wer es zu Weihnachten nicht ganz so rot mag, kann seine Fenster mit Christrosen schmücken. Malen Sie die Konturen auf, und streuen Sie in die noch nasse Farbe den Flitter. Lassen Sie die Kontur richtig durchtrocknen. Entfernen Sie nun den überschüssigen Flitter von der Folie.

Malen Sie die Flächen in den entsprechenden Farben aus. Ziehen Sie in die grüne Farbe eine Mittellinie mit Dunkelgrün, und verstreichen Sie diese zu den Rändern (s. „Tipps für ein gutes Gelingen", S. 7). Zum Schluss werden noch mit goldener Kontur feine Linien auf die Blütenblätter gezogen.

18. Ranke aus Weihnachtssternen

Material

- Konturenfarbe in Schwarz
- Window-Color in Gelb, Rot, Grün, Dunkelgrün und Kristallklar
- Folie

Anleitung

Eine wirklich hübsche Fensterdekoration für die Weihnachtszeit sind Weihnachtssterne auf Ilex, auf Efeu oder einfach für sich allein-stehend. Malen Sie die Konturen und Flächen laut Vorlage aus. Dabei wird in die Blätter vom Weihnachtsstern eine gelbe Mittellinie gezogen und zu den Rändern verstrichen. Bei den Ilexblättern nehmen Sie zum Verstreichen Dunkelgrün (s. „Tipps für ein gutes Gelingen", S. 7). Zum Schluss wird noch der Hintergrund mit Kristallklar ausgefüllt, und der Weihnachtsstern bekommt ein paar feine Linien mit schwarzer Kontur.

19. Weihnachtssternecke

Material
- ❀ Konturenfarbe in Schwarz
- ❀ Window-Color in Gelb, Rot, Grün, Bernstein und Kristallklar
- ❀ Folie

Anleitung
Zeichnen Sie die Konturen gemäß dem Vorlagebogen nach.

Malen Sie die Flächen in den entsprechenden Farben aus. Ziehen Sie in die Efeublätter eine Mittellinie mit Bernstein, und verstreichen Sie diese zu den Rändern (s. „Tipps für ein gutes Gelingen", S. 7).

Nach dem Trocknen malen Sie mit schwarzer Kontur die Blattadern und Linien auf den Blüten auf. Die Zwischenräume malen Sie mit Kristallklar aus.

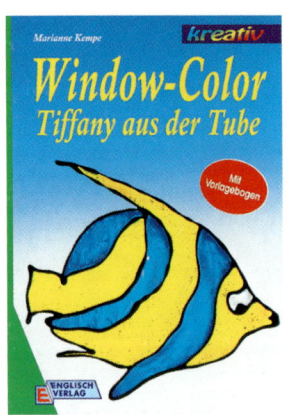

Stephanie Feghelm stellt zauberhafte
Blumenmotive für Window-Color vor:
Von Rosen- und Efeuranken über Früh-
lingsblumen wie Tulpen und Oster-
glocken bis hin zu Blumentöpfen und einem Beerenkranz – die leuchtend-bunten
Blumen und Blüten lassen sich nicht nur
einzeln ans Fenster kleben, sondern sind ge-
rade als ganze Fenstergestaltung besonders
dekorativ.

Die floralen Motive werden einfach mit einer
Kontur auf eine Folie aufgezeichnet, mit Window-Color farbig ausgemalt, nach dem Trocknen
von der Folie abgezogen und auf der zu dekorie-
renden Fläche angebracht.

ENGLISCH
VERLAG

ISBN 3-8241-0942-5

0942

783824 109425